C M

Le Mardi 12 Juin 1866, en l'Eglise parois-
siale de Fismes, a été célébré le mariage de
M. Bernard-Jean-Louis-Fortuné Coucoureux,
Avocat, avec Mademoiselle Marie-Adolphine-
Isaure Mopinet, en présence de M Coucoureux,
père du futur; de M. Regnault, Notaire, Maire
de Fismes, Chevalier de la Légion-d'Honneur,
aïeul de la future; et de Madame Mopinot,
mère de la future.

Les témoins étaient, d'un côté :

M. l'abbé Fortuné Magne, Supérieur de
Saint-Vincent de Senlis (Oise),

Et M. Henri Caussanel, propriétaire à Ville-
franche (Aveyron);

Et de l'autre côté :

M. Pierre-Louis Regnault, Notaire, Maire de Fismes,

Et M. Auguste Billet, lieutenant-colonel au 3ᵉ régiment de lanciers.

Le mariage a été célébré en présence de M. l'abbé Hannesse, curé-doyen de la ville de Fismes, par M. l'abbé Magne, Supérieur de l'Institution de Saint-Vincent de Senlis, chanoine honoraire de Beauvais, qui a prononcé l'allocution suivante :

C M

Messieurs,

Si je ne devais en ce moment solennel oublier mes sentiments les plus intimes, je me bornerais à féliciter des époux qui me sont si chers de l'union qu'ils viennent contracter, et ma parole, écho fidèle de vos propres pensées, n'apporterait à leurs cœurs émus que des promesses de bonheur, de douces et longues espérances.

Mais vous ne me pardonneriez pas d'avoir même, pour satisfaire aux devoirs de la plus vive et de la plus paternelle affection, pu méconnaître à ce point la gravité du ministère que je remplis au nom de Dieu et de l'Église.

Dieu, l'Eglise ! quels grands noms qu'il convient de rappeler, surtout dans une pareille circonstance et devant lesquels doivent disparaître, pour un instant du moins, tous sentiments humains même les plus légitimes et les plus chers.

C'est donc de Dieu seul, mes chers enfants, de Dieu devant qui vous allez contracter vos engagements, que je veux vous parler ! mieux encore, c'est sa parole que je veux vous faire entendre, la seule qui soit digne de la mission que j'accomplis, aussi bien que de votre piété.

Il y a dans les livres saints une page d'une douce et pieuse simplicité, où je trouve exprimée en quelques mots l'idée du mariage chrétien, tel que je voudrais vous le montrer :

« Nous sommes les fils des saints, *filii sanctorum sumus,* » dit le jeune Tobie à celle qui va devenir son épouse, « et nous ne pouvons pas nous unir comme ceux qui ne connaissent pas Dieu. » Et après ces paroles d'une touchante piété, se prosternant tous deux dans le sentiment de leur humilité et de leur faiblesse, ils demandèrent à Dieu de les bénir.

Voilà bien, mes chers enfants et Messieurs, l'image vraie du mariage chrétien, tel que Tertullien le définissait aux premiers âges du christianisme : c'est celui, disait-il, que l'Eglise a préparé que vient confirmer l'oblation de la victime sainte et que consacre la bénédiction du prêtre. Puis, élevant encore nos pensées au-dessus du spectacle qui frappe les regards ici-bas, il ajoute : c'est celui dont les anges eux-mêmes sont les hérauts et que Dieu ratifie du haut du ciel. Que d'autres, qui ignorent Dieu, comme parlent les saints livres : « *ignorant Deum* » que d'autres, dis-je, ne voient dans le mariage qu'une union de convenances réciproques et de mutuelle sympathie; ou encore, si on le veut, et on le veut souvent de notre temps, un contrat qui assure les intérêts de deux destinées. Je les plains, ils ne comprennent ni ce qu'il y a de plus grave et de plus solennel, ni ce qu'il y a de consolant et d'heureux dans l'acte qu'ils accomplissent.

Pour vous, il ne saurait en être ainsi. Nous sommes les enfants des saints, disait le jeune Tobie, et nous avons d'autres devoirs à remplir. Combien de raisons vous avez

l'un et l'autre, votre cœur vous le fera comprendre mieux que mes paroles, pour penser ainsi.

Un mariage chrétien, c'est celui dans lequel pendant tout le cours de sa durée les époux, comprenant que Dieu est maître partout, dans la famille comme ailleurs, restent soumis aux lois qu'il a établies. Et ici, que de choses je pourrais dire, en empruntant le langage de la Sainte-Ecriture, sur la grandeur de cette union de deux âmes que saint Paul ne craint pas de comparer à l'union mystérieuse de Jésus-Christ et de son Eglise. Je ne peux pas tout dire et je ne veux que vous rappeler un de ces mots sacrés qui me paraît admirablement résumer la divine économie de la famille chrétienne. « Dieu, nous est-il dit, a tout disposé dans le monde avec force et douceur. *Fortiter et suaviter omnia disponens.* » Mais où mieux que dans la famille chrétienne existe ce mélange de douceur et de force qui produit l'harmonie ? A l'homme, qui a été créé le premier et qui est comme une émanation plus directe de sa toute-puissance, Dieu a donné l'autorité et le pouvoir ; son caractère doit être la force qui est la condition de tout bien et de tout succès, surtout au temps où nous vivons. « *Fortiter disponens.* »

À la femme, qui a été tirée de l'homme, une douce et heureuse dépendance dont la modestie fait le charme, dont l'amour fait la joie et qui verse dans la famille des trésors ineffables de grâce et de douceur. « *Suaviter omnia disponens.* »

À l'époux. donc, il faut de la force, c'est-à-dire cette mâle vigueur de l'esprit qui sait prévoir les obstacles et se rendre compte des difficultés de la vie pour triompher des uns et des autres ; il faut de la force, c'est-à-dire encore cette énergie virile de la volonté qui au milieu des épreuves de l'existence, qu'on doit toujours prévoir, ne se laisse abattre par aucun malheur, parce qu'elle ne désespère jamais ni de Dieu ni d'elle-même. Il faut de la force, c'est-à-dire, enfin. une puissance toujours maitresse d'elle-même, qui commande d'abord à ses désirs et à ses passions, sans quoi elle ne saurait jamais commander aux autres.

L'exercice de ce pouvoir aussi juste que modéré. tempéré d'ailleurs par l'amour, crée dans les âmes qui lui sont soumises un sentiment de respect qui honore celui qui le rend autant que celui qui en est l'objet, et l'obéissance du cœur plus douce à qui l'accorde qu'à celui qui la reçoit.

Ces sentiments deviennent, hélas! de jour en jour plus rares dans la société. On se plaint sans cesse et avec raison de l'affaiblissement des caractères qui n'ont plus de force, de l'absence du respect qui disparaît de plus en plus de nos relations. N'est-ce pas parce qu'on n'apprend pas assez ces sentiments à l'école de la famille, la première et la plus persuasive de toutes.

Dieu a donc fait à l'époux une bien grande place ; mais je ne sais si celle de l'épouse n'est pas plus grande et surtout plus belle encore. A elle, dans sa dépendance modeste, la gloire du dévouement dans ce qu'il a de plus profond, de plus désintéressé, de plus sublime, en un mot, car on ne saurait lui assigner de limites pas plus qu'à l'amour qui en est le principe, et lorsque ce dévouement s'allume comme il le fait dans le cœur d'une femme chrétienne, au foyer de l'éternelle charité, alors à l'héroïsme du plus puissant des sentiments humains il ajoute le mérite surnaturel de la vertu et ce quelque chose d'infini que le cœur de l'homme tire toujours de ses communications avec le ciel.

La mission de l'épouse est de répandre dans les rapports de la vie le charme et la douceur pour lesquels la Providence lui a préparé des grâces qui sont sa puissance à elle. Elle doit se dévouer obscurément et tous les jours à ses devoirs de l'intérieur dont la répétition monotone ne doit jamais lasser son dévouement. A d'autres le soin de chercher dans les frivoles séductions du dehors une gloire vaine comme les qualités par lesquelles on se la procure ; ce n'est pas par de tels moyens que la femme chrétienne cherche à établir son empire, car elle sait qu'elle aussi doit gouverner à sa manière puisque Dieu veut qu'elle soit la compagne de l'homme, plus encore, « la reine du foyer ; » mais c'est par le cœur seulement, avec suavité, pour répéter la parole de la Sainte-Ecriture : « *suaviter*, » qu'elle doit régner.

Et si un jour, à la place de la blanche couronne de Vierge qu'elle sacrifie, Dieu daigne orner son front de la couronne auguste de la maternité, alors, son dévouement grandissant avec ses devoirs et son abnégation avec son amour, elle trouve dans son âme le courage du sacrifice poussé jusqu'à l'entier oubli d'elle-même ; c'est là son devoir et aussi sa gloire plus solide et plus durable que les succès capricieux de la vanité.

Tel est en quelques mots, bien imparfaits sans doute, le tableau des devoirs que vous impose le mariage ; pour vous en rendre l'accomplissement plus facile, Dieu, vous ne l'ignorez pas, vous a préparé de grands secours. Sans parler de la grâce du Sacrement que vous allez recevoir et qui produira tous ses fruits dans vos âmes si fermement chrétiennes, n'est-ce rien que la sainte affection dont il veut que les cœurs des époux soient unis. S'il commande à la femme d'obéir au mari, il ordonne non moins expressément à l'époux d'aimer celle qu'il a choisi pour partager sa destinée ; c'est saint Paul, le grand interprète de la doctrine chrétienne, qui le dit : *« Viri diligite uxores vestras. »* Ainsi se trouve corrigé ce que pourrait avoir d'excessif le droit de commander d'une part, et de trop rigoureux de l'autre le devoir de l'obéissance ; l'autorité, quand elle est exercée avec amour, est toujours sans doute un lien qui attache, mais elle ne devient jamais une chaîne qui pèse.

Vous rappeler ces devoirs que d'autres trouveraient austères, peut-être, c'est assez vous dire, mes enfants, que je vous crois l'un et l'autre capables de comprendre les saintes obligations du mariage chrétien.

Que votre sentiment filial adresse en ce moment du fond de vos cœurs à vos mères si dévouées la reconnaissance que vous leur devez pour ce bienfait inappréciable d'une éducation chrétienne dont la mère semble, de nos jours surtout, posséder le secret. Que leur souvenir aimé vous accompagne fidèlement dans toutes les difficultés comme dans tous les bonheurs de la vie ; quoi de plus doux et de plus fort à la fois au cœur des enfants que la pensée d'une mère chrétienne !

Ce n'est pas la seule protection que vous ait ménagée la divine Providence. Je n'oublie pas tout ce que ma situation m'impose de réserve, et cependant, pourrais-je ne pas vous montrer comme un encouragement et une leçon à la fois cette carrière remplie d'œuvres et d'honneur plus encore que d'années et dont Dieu prolongera le cours pendant de longs jours encore pour votre joie et votre instruction. Ah ! c'est beaucoup pour le jeune âge, toujours si inexpérimenté et quelquefois si confiant, d'avoir près de soi, dans l'intimité même du foyer, de nobles exemples et de grandes vertus. Dieu vous a réservé ce bonheur et vous n'avez l'un et l'autre qu'à suivre la route qui vous a été frayée.

Entrez donc avec une humble mais ferme confiance dans cette vie nouvelle qui s'ouvre aujourd'hui pour vous ; un père vous apporte de bien loin une bénédiction aussi abondante que son affection est grande et son dévouement sans limites. Cette distance que je viens de rappeler ne vous empêche pas de voir auprès de vous, car les âmes quand elles s'aiment se touchent, même à travers l'espace, d'autres cœurs aussi tendrement dévoués qui unissent leurs prières à nos prières, leurs sentiments à nos sentiments, et puis autour de vous un concours de parents et d'amis heureux de votre bonheur et qui demandent à Dieu de vous en assurer la continuation pendant tous les jours de votre pèlerinage.

Oui, mon Dieu, répandez vos bénédictions sur ces jeunes époux qui les réclament de votre miséricorde ; bénissez-les, ô mon Dieu, et exaucez les prières qu'ils vous adressent du fond de leur cœur ; écoutez les vœux que tous ici nous formons pour leur bonheur ; qu'ils soient heureux ici-bas ; qu'ils soient heureux dans l'éternité.

Ainsi soit-il.

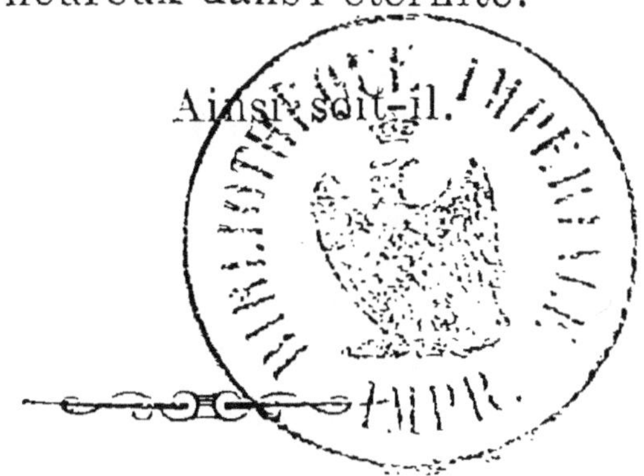

Reims.—Imprimerie de A. LAGARDE.

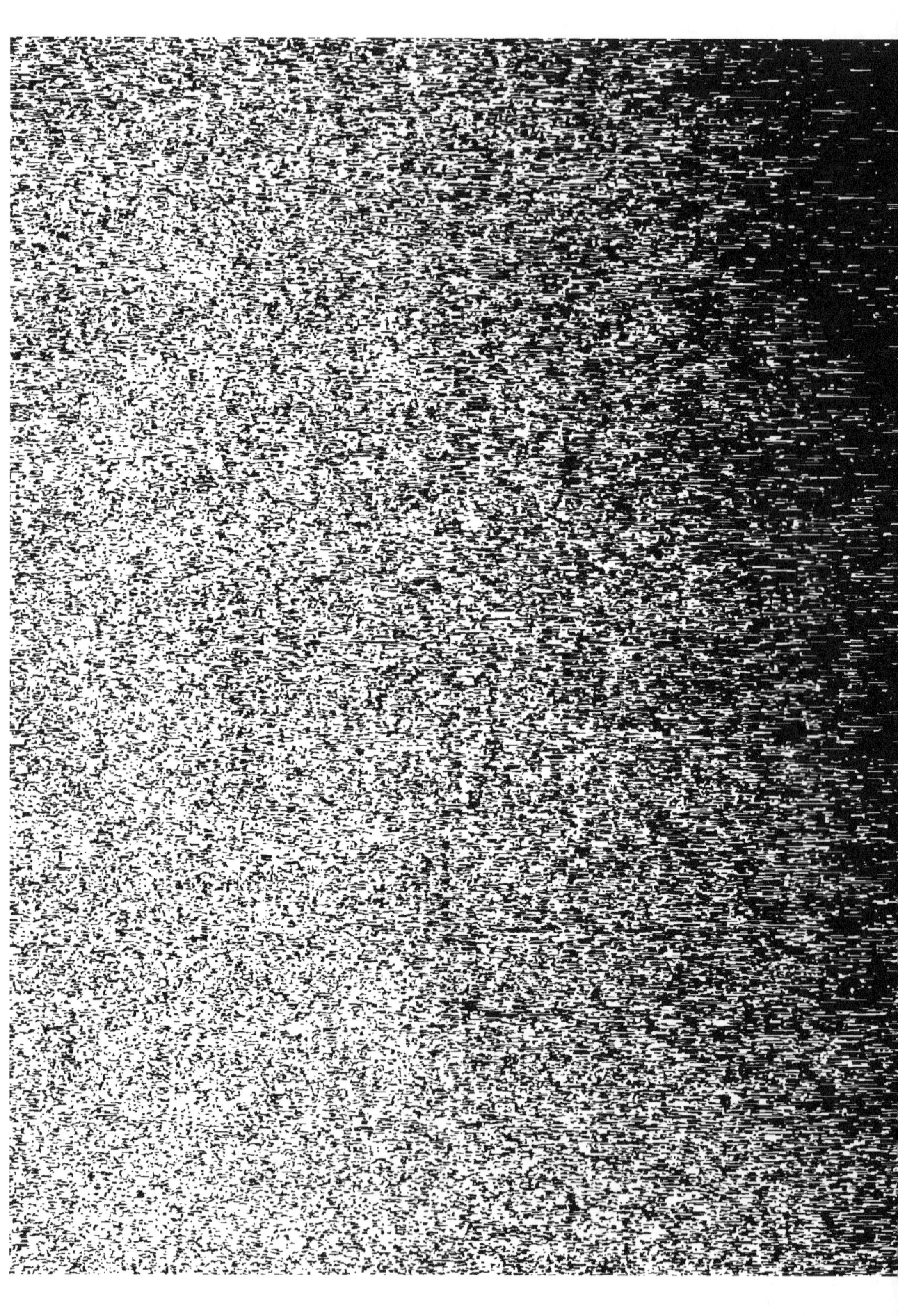